문제는 동전 크기만 하게 시작되었어.

조원희   홍익대학교에서 멀티미디어디자인을 전공하고 HILLS에서 일러스트레이션을
공부했습니다. 자연과 동물, 마음속 깊은 곳에 자리 잡은 감정들, 작고 소중한 것에 관해
그림으로 이야기하기를 좋아합니다. 쓰고 그린 책으로 《얼음소년》, 《혼자 가야 해》,
《이빨사냥꾼》, 《동구 관찰》, 《미움》, 《우리 집은》 등이 있습니다.
《이빨사냥꾼》으로 2017년 볼로냐 라가치상-픽션 스페셜멘션-을 받았습니다.

중요한 문제   ⓒ조원희, 2017

2017년 4월 14일 1판 1쇄 펴냄 | 2023년 12월 5일 1판 5쇄 펴냄

지음 : 조원희 | 가꿈 : 김장성 | 꾸밈 : 홍윤이 | 살림 : 김선영 | 알림 : 안정은

함께 만든 곳 : 페이퍼프라이스, 다온피앤피, 해인문화사

펴낸이 : 김장성 | 펴낸 곳 : 이야기꽃 | 경기도 고양시 덕양구 청초로66 덕은리버워크 B-312 | 전화 070-8797-1656

전자우편 iyagikot@naver.com | 블로그 blog.naver.com/iyagikot | 유튜브 www.youtube.com/이야기꽃출판사

블로그와 유튜브에서 이 책의 영상을 감상할 수 있습니다.

ISBN 978-89-98751-21-0 07810

CIP제어번호 : CIP2017007468 813.8-KDC6

큐알코드를 통해 이야기꽃의 도서목록을 만나 보세요.

소통, 공감, 평화! 함께 피우는 이야기꽃 http://iyagikot.com

중요한 문제

조원희

의사가 말했지.

"심각하네요. 이건 정말 중요한 문제입니다. 먹는 약, 바르는 약, 주의 사항을 드릴 테니 반드시 처방대로 따르세요."

네모 씨의 어깨가 뻣뻣해졌어.
어떤 처방도 열심히 따르기로 굳게 마음먹었지.
"네, 선생님. 무엇부터 해야 할까요?"

"통풍이 중요하니 우선 모자부터 벗으세요."

"당분간 땀이 나는 격렬한 운동은 하지 마세요."

네모 씨는 자전거 출퇴근을 중단했어.
새벽 달리기와 주말 등산도 그만두었지.

"뜨거운 목욕도 삼가세요. 두피에 좋지 않습니다."

네모 씨는 미지근한 물로 샤워를 했어.
평소처럼 뜨거운 물에 몸을 푹 담근 뒤
시원한 맥주를 한 캔 마시고 싶었지만 꾹 참았지.

"동물의 털도 탈모의 원인이 될 수 있습니다."

"미안… 당분간 같이 못 자."
영문도 모른 채 쫓겨난 쟈니윤은 크게 상심했어.

"채소와 해조류 위주로 식사하시고 특히 검은콩, 검은 쌀, 검은깨 같은 검은색 음식을 많이 드세요."

네모 씨는 검은색 음식을 정말 열심히 먹었어.

"검은색이라도 커피와 초콜릿은 안 됩니다."

"약은 하루 3번, 식후 30분에 복용하시고
연고는 2시간마다 바르세요. 두피 마사지는
틈나는 대로 하시고 일주일에 2번 침 맞으러 오세요."

하지 말아야 할 것과 해야 할 것이 점점 많아졌어.

"무엇보다 스트레스를 받으면 안 됩니다!
이게 가장 중요해요!"

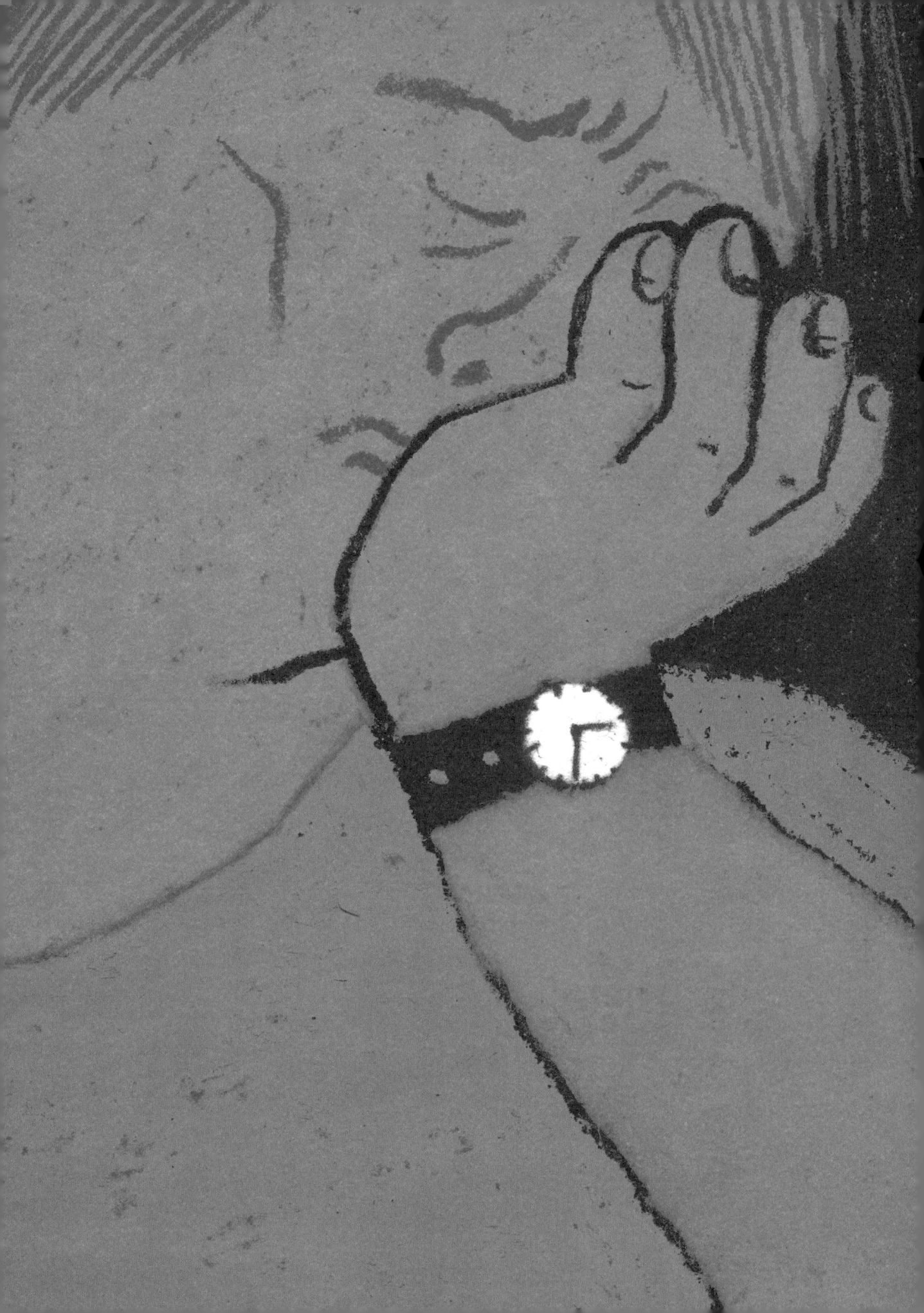

네모 씨는 좋아하는 개그 프로를 보면서도 웃지 않게 되었어.

회원들이 웃을 때마다 신경이 곤두섰고

스트레스를 받지 않으려고
할 수 있는 건 다 해 봤지만

아무 소용이 없었지.

그 날,

네모 씨는 뜨거운 목욕을 했어.
안 되는 줄 알지만, 그냥 하고 싶었어.

오랜만에 따뜻한 물속에 들어가니 정말 좋았어.
물결이 찰랑찰랑 기분 좋게 흔들리고
마음은 점점 편안해졌지.

냉장고에 있는 시원한 맥주가 생각나자
저절로 웃음이 나왔어.

좋아하는 것들이 하나둘 떠올랐어.
너무 자연스러워서, 좋아하는 줄도 모르고
당연하게 해 왔던 것들.

네모 씨는 오랜만에 활짝 웃었어.

동전 크기만 하게 시작된 문제는 이렇게 끝났지.

우리가 잊고 사는 정말 소중한 것,
중요한 문제에 대한 유쾌한 생각!